L'AMI DU TIERS,

OU FIGARO JOURNALISTE,

COMÉDIE

EN UN ACTE ET EN PROSE.
PAR M. D***

Faire la nique au noir chagrin,
Toujours ris, c'est ma manie,
Beaucoup font sonner le tocsin
Moi les grelots de la folie.

prix, en brochure 20 sols.

A VENDOSME,
de l'imp. de MORARD ET CHAPEAU.

M. DCC. XC.

ACTEURS.

FIGARO, *Journaliste.*

Un JOKEI *de Figaro*.

ARLEQUIN, *secrétaire de Figaro*.

PIERROT, *espece de valet d'Arlequin*.

M. MUSACE, *mauvais poëte*.

Mde. JACASSE, *ci devant Marquise de* * * *

M. SECHARD, *homme d projets*.

COLOMBINE, *maitresse d'Arlequin*.

L'AMI DU TIERS,
OU
FIGARO JOURNALISTE.

Le Théatre représente un Sallon simple à chaque côté du quel il-y-a une table. A gauche du Sallon il doit y avoir une espece de porte-manteau.

SCENE PREMIERE.

FIGARO *en robe de Chambre, assis à gauche du Théatre auprès d'une table couverte & entourée de papiers*, UN JOKEI.

LE JOK.

Monsieur, un homme demande à vous parler.

A ij

FIG.

Quel est cet homme... son nom ?

LE JOK.

Ma foi c'est un homme drolement habillé, un homme qui a une figure noire à faire peur...oh! c'est le Diable ou un Aristocrate.

FIG.

Tais toy. fais le entrer.

―――――

SCENE II.

LES PRÉCÉDENS, PIERROT ARLEQUIN.

ARL. *entre*.

Bonjour à Monsignor Figaro.

Pierrot ose à peine entrer & reste contre la porte à faire des niaiseries avec le Jokeï qui le regarde avec étonnement.

FIG. *avec surprise*.

Mais je ne me trompe pas; c'est Arlequin ?

ARL. *sa tête*.

Ouï ouï c'est Arlequin, c'est bien lui-mê?

me, parbleu vous devez me connoitre.

FIG.
Ouï je vous connois de réputation.

ARL.
Je le crois; nous avons fait assez parler de nous.

FIG.
Quel est donc cet homme qui est avec vous? il ne m'est pas inconnu.

ARL. *fait signe à Pierrot de se retirer.*

SCENE III.
FIGARO ARLEQUIN.
ARL.

EH! quoi, ne connoissez vous pas Pierrot! je l'ay rencontré depuis peu bien singulierement il faut que je vous conte cela. Il y a près d'un an j'abandonnai Colombine. Cela étoit juste, elle m'a fait tant d'infidélités! me sentant du penchant pour l'intrigue je me mis en tête de tenter fortune. Elle sembla me sourire dans les yeux d'une jolie & riche héritiere. Mon accoutrement m'avoit joué de si mauvais tours que je voulus en changer ainsi que de nom. Et puis, plumets au chapeau, habits brodés, épée au côté, talons rouges, &c. et pas grand argent mais je comptois sur la blonde. Je ne me trompois pas : au bout de quelques jours de soins assidus, toutes mes dépenses me furent payées par une bague dont on me fit présent & que je convertis aussitôt en argent comptant. Tout alloit bien, Arlequin étoit l'heureux petit Chévalier. Mais hélas! Arlequin a bien manqué monter plus haut.

FIG.

Arlequin chevalier n'avoit plus qu'un pas pour être audessus de ses affaires.

ARL.

Je ne scais pas comment diable cela s'est fait; le pere sçut tout. Un jour j'allai au rendez-vous accoutumé, mais aulieu de la poulette je trouvai quatre grands drôles qui me saisirent sans miséricorde. L'un disoit, ah ah! Monsieur est un petit séducteur, l'autre disoit, c'est bien autre chose vraiment! C'est peut-être un espion, un homme à parti, enfin finalement, je fûs mené dans un nouveau logement. Arrivé au gîte, je vis avec étonnement Pierrot qui se désoloit & qui resta immobile losqu'il m'apperçut & puis se mit à rire avec son air niais.... je lui demande pourquoi il étoit là. Il me conte qu'il s'étoit mis depuis peu chez un meunier ; que le drôle étoit acapareur & que sachant qu'il étoit poursuivi, il s'étoit sauvé & qu'on avoit pris lui Pierrot provisoirement pour les frais de justice. Son cas étoit sale & je voyois en lui mon compagnon de voyage. Cependant j'espérois encore me sauver. Pour luy je lui conseillai de faire l'imbécille. Il le fit sans peine, c'est ce qui l'a tiré de ce mauvais pas.

FIG.

Peste ! mais voila des aventures...

ARL.

Bientôt on avertit les Juges du lieu qu'on avoit arrêté un homme suspect, ils vinrent me rendre visite, & croyant avoir affaire à un homme d'importance, ils me demandèrent tres honnêtement mes papiers, me conseillerent de ne rien déguiser de mes intentions où qu'elles seroient bientôt conaües. Voyant qu'on me pressoit si fort, je quittai mon habit brodé, ma perruque, mon épée, ils me reconnûrent, mais quelle fut leur surprise ! enfin après une légère réprimande, on me renvoya & même on me pria de partir sous deux heures. (*Il ôte son chapeau & faisant un salut il continue.*) Voila Signor comment vous nous voyez prêts à vous servir moi avec la plume & l'ami Pierrot avec les jambes.

F I G.

Comment avec la plume ! mais je croyois que tu....

A R L.

Je vous entends, je ne savois rien autrefois, mais aujourd'huy tout le monde est instruit, je suis Arléquin savant. A propos je voudrois bien savoir comment & par quel hazard vous voila Journaliste ; il me semble qu'il faut avoir bien des lumieres, & quoique vous en ayez beaucoup....

F I G.

Mon ami ne vois tu pas que depuis que les hommes sont égaux, un Journaliste en vaut bien un autre. Quant aux lumieres que tu crois si nécessaires, apprends que dans notre état, en supposant qu'on en ait beaucoup on n'en fait jamais usage. un Journaliste est comme ce financier qui fait porter le flambeau devant luy ; S'il le portoit lui-même il ne verroit pas à ses pieds.

ARL.

Aye aye. La comparaison cloche, car il paye celui qui l'éclaire, & vous vous en faites payer.

FIG.

Ah ça que je te dise donc, comment tu vois Figaro Journaliste. Tu connois à peu près la vie que j'ay mené en Espagne; ainsi il n'est pas nécessaire de t'en parler; il suffit de te dire que quelque temps après mon mariage, ma chere moitié mourut & me laissa héritier d'un petit Comte Almaviva. Je jugeai à propos de céder mes prétentions à Monseigneur, & de courir le pays, bien sûr que je ne manquerois jamais de rien partout où il y auroit des sots. J'avois raison; avec un peu de complaisance & d'adresse, je me serois fait une réputation qui eût égalé celle du messager des Dieux: mais bientôt dégoûté des périls aux quels je me trouvois exposé, n'ayant pas les pieds ailés de mon digne Patron, je résolus de quitter le métier & d'aller en France où les affaires alloient si mal, pour tâcher d'arranger les miennes. Tous les moyens étoient égaux à mes yeux. J'étois assez hardi pour tout entreprendre. Je vis qu'on gagne beaucoup icy en remplissant deux ou trois feuilles de toutes sortes de sottises, j'écrivis, puis je me mis en tête d'annoncer un Journal, & bientôt je l'annonçai sous le titre de l'AMI DU TIERS.

ARL.

Je crois ma foi qu'avec vos principes vous êtes souvent, l'ami du Tiers & du quart, & qu'il n'y a place sur vos feuilles qu'au plus offrant... Hem ai-je raison ?

FIG.

Aumoins cela ne se dit pas. Il y a tant de gens qui veulent se faire imprimer, il faut bien faire un choix.

ARL.

Oui il faut bien faire un choix, & je m'en rapporte bien à votre bon goût.

FIG.

Ah ça mon ami, puisque tu peux m'aider dans mes nobles travaux tu vas te mettre à ce Bureau. Ton employ sera de transcrire certains manuscrits. Je me réserverai de rédiger, de commenter, de donner des extraits choisis, & d'y joindre quelques traits de Morale, quelques réflexions saines, souvent même critiques, selon que je serai plus ou moins content de l'auteur.

ARL.

Ouï ouï je vous entends, selon que l'auteur vous aura....

FIG.

Eh bien que veux tu dire?

ARL.

Rien rien.... mais il me paroît que j'ay bien l'air d'un Secrétaire moi à préfent. Quel diable auroit deviné qu'Arlequin feroit un jour fecrétaire de monfieur Figaro l'ami du Tiers? Me voila un homme d'importance au moins.... (*il appelle Pierrot.*) Pierrot, eh, Pierrot, avances icy.

SCENE IV.

LES PRÉCÉDENS ET PIERROT.

PIERROT *entre & dit à part.*

JE fcavois bien que je ferois tout auffi utile qu'un autre.

(*Figaro s'approche de fon Bureau & cherche dans fes papiers.*)

ARL. *à Pierrot.*

Tu feras fous moi pour faire mes commifsions entends tu. Je n'exige de toy que beaucoup de zele & de promptitude à remplir tes messages. Penses bien qu'on n'acquiert point une bonne réputation sans beaucoup de peines, & qu'il est fort honorable pour toi d'être attaché au sécretaire de monsieur Figaro, qui par ses travaux, se montre vraiment, le digne ami du Tiers.

PIER.

Ouï c'est ben glorieux : Pourvu que ça ne finisse pas par du vilain. Tnez ça m-paroit ben fort, nous sommes quatre à vivre par un petit mechant papier ça m-paroit ben fort.

ARL.

Tais toi, pauvre idiot, homme soible, tu mériterois que je te laisse dans la poussiere dont je veux bien te retirer ; apprens qu'il y a dans Paris quantité de gens qui ne vivent que comme cela & qui pourtant ne valent pas mieux que nous.

PIER.

C'est vrai j'ai tort, tenez n'y pensez plus.

ARL.

Soit, je le veux bien... tu peux aller dès à présent à l'antichambre attendre mes ordres.

PIER.

Qui ouj, quand il vous plaira, je suis tout prêt.

SCENE V.
FIGARO ARLEQUIN.
FIG.

ARlequin, tiens voila un petit projet de réforme qu'il faudra transcrire comme il est. L'auteur qui est un tres galant homme m'a envoyé quelques bouteilles d'excellent vin de Champagne.

ARL.

Ah ah il mérite des égards!

FIG.

A propos il faudra mettre en tête une petite annonce qui prévienne en faveur de l'auteur... Prends la plume, écoute moy bien, écris ce que je vais te dire.

(*Arlequin se met d' son Bureau.*)

FIG. *réfléchis à ce qu'il va lui dicter.*
Y-es tu?

ARL.

Oui oui j'y suis.

FIG.

Il feroit à fouhaiter qu'un Journalifte ne fit part au public... efface, cela ne vaut rien ? j'aurois l'air de fronder mes Confreres.... ce feroit bientôt guerre ouverte...

(*Il réfléchit & répéte tout bas.*) Il feroit à fouhaiter... à défirer que... il paroit tous les jours... écris; il paroit tous les jours un fi grand nombre d'écrits, de projets, d'obfervations &c. qu'il feroit impoffible d'en faire part au public... un Journalifte ne doit lui mettre fous les yeux... fous les yeux que ce qu'il juge... digne... de fon attention... (*cela eft bon.*) Voila un petit projet de réforme que j'en ai cru digne... autant par le mérite de fon auteur... de fon auteur... que par le grand bien qui peut en réfulter. (*à arlequin.*) Donne moi cecy que je life... (*il lit & rend le papier.*) C'eft bon c'eft bon... voila un petit préambule qui fera je crois du goût de notre auteur.

ARL.

Ouï ma foi... mais je crois qu'il auroit beaucoup mieux fait de s'occuper de quelque bon moyen de remplacement.

FIG.

Écris toujours point de remarques, que nous importe, on le lira aujourd'hui, demain on n'y pensera plus. Cela occupe un instant nos lecteurs & nous y trouvons notre compte.

il se remet à visiter ses papiers. Arlequin se remet à écrire. Figaro sonne, le Jokeï vient prendre ses ordres.

SCENE VI.
LES PRÉCÉDENS ET LE JOKEL.
FIG.

TU vas aller chez l'abbé de la Caffardiere, lui remettre ce papier, & tu lui diras que je ne sçaurois m'en charger dans ce moment. Tu porteras cet autre chez la vieille présidente... (*il tient une boëte de confiture.*) Quant à la boëte il ne seroit pas honnête de la rendre... vas vite dépêche toi reviens au plutôt.

LE JOK. *en s'en allant.*
Ouï monsieur au plutôt.

SCENE VII.
ARLEQUIN FIGARO.
ARL.

IL me paroît que l'abbé & la présidente ont voulu ménager les especes.

FIG.

Ne m'en parle pas. L'abbé est un vieux fou qui s'est mis en tête de vouloir prouver que les Moines devoient être exceptés de la réforme générale, que par leur austérité ils donnoient aux hommes un exemple édifiant. Il a écrit à ce sujet milliers de sottises que je ne sçaurois faire imprimer sans de fortes raisons, & il n'est pas de caractere à m'en donner jamais d'assez satisfaisantes.

ARL.

Et la vieille sucrée Présidente.

FIG.

La vieille, dans un petit essai politique, veut prouver que toutes les idées de régénération concernant la chose publique ne sont qu'une suite de l'inconstance naturelle à l'homme. Elle a écrit avec toute l'Humeur d'une femme qui n'a pas été heureuse en amours. Au moins elle est de bonne foi.

ARL.

Ah ! celle-la est plaisante.... l'inconstance naturelle à l'homme ah.. ah. ah ;

DU TIERS. 17

(il se remet à écrire.)

SCENE VIII.

LES PRÉCÉDENS ET PIERROT.

PIER. *entre tenant en main une lettre qu'il remet à Figaro.*

Monsieur voicy une lettre qn'on m'a dit de vous remettre tout de suite...

FIG.

Donnes... c'est bon retires toi...

SCENE IX.

FIGARO ARLEQUIN.

FIG. *lit & marque de l'étonnement & de l'inquiétude & répéte tout bas.*

Sauvez vous au plutôt... Comment faire? Votre feuille derniere a fait grand bruit : on vous menace... Comment faire ? (*il réfléchit & marque du trouble.*) Ma foi le plus prudent est de me cacher un jour ou deux pour voir ceque cela deviendra... (*Tout haut à Arlequin.*) Mon ami, je suis forcé de sortir pour certaines afaires, (*Il met un*

B

habit noir & une grande perruque.) voicy l'heure à laquelle j'ay habitude de recevoir diverses visites, tu peux dire que tu es le maître de la Maison ; donne toujours droit à ceux qui te paroîtront dans une certaine aisance. (*il lui porte sa robe de Chambre.*) Tiens mets cette robe de Chambre.

ARL. *la met.*

Eh eh! cela me sied assez : je ne vous ressemble pas mal comme cela; qu'en dites vous?

FIG. *à part.*

Pas assez malheureusement... (*tout haut.*) adieu mon ami...

ARL. *avec le ton d'un maître.*

Adieu monsieur je vous salue humblement.

SCENE X.
ARL. *seul.*

Enfin voila donc Arlequin audessus de ses affaires. Oh! pour le coup je deffie la capricieuse fortune, je saurai la fixer désormais... à ce qu'il me paroit le métier de Journaliste est assez lucratif & n'est pas difficile, car il ne s'agit que de se charger pour de bon argent, des idées creuses de quelques fous qui veulent bien faire rire à leurs dépens,

---

SCENE XI.
PIERROT ARLEQUIN.

PIER. *entre d'un air empressé.*

Monsieur, (*il cherche Arlequin & ne le reconnoit pas d'abord:*) ma foi excusez, je ne vous ai reconnu qu'ua votre figure... il y a à la porte un homme qui demande à vous parler... car je sais que vous êtes à présent M. Figaro.

ARL.

Fais le entrer.

SCENE XII.
ARLEQUIN M. MUSACE.

M. MUS.

J'ay l'honneur de parler à monsieur Figaro je crois.

ARL.

Ouï monsieur... [*il le regarde depuis les pieds jusqu'à la tête à part.*] cet homme n'a pas

B ij

l'air d'être ce qu'il me faut [*tout haut d'un ton bref.*] que voulez monsieur ?

M. MUS.

Je vais vous satisfaire en peu de mots. Je suis poëte : j'ay voulu immortaliser la glorieuse révolution qui s'opère en France en ce siecle heureux; j'ay fait un Poëme épique... je sais bien que j'aurai beaucoup d'ennemis, mais quel est l'homme d'un talent un peu distingué, qui n'en ait pas eu ? je suis audessus de tous ces petits revers moy, je me soucie peu du présent, je ne vis que dans l'avenir.

ARL.

Cela ne vous a pas empêché de vous engraisser: C'est fort bien dit, vivre dans l'avenir.

M. MUS.

Ouï, Monsieur; nos neveux seront plus instruits que nous: on ne peut pas en douter; Alors mon ouvrage sera mieux apprécié. Cependant je jouirai dès mon vivant. Nos anciens rimailleurs ne verront ils pas avec surprise un Poëme épique parsemé des fleurs de l'éloquence & enrichi de ces idées sublimes toujours hardies mais toujours justes qu'il est si difficile de trouver dans nos Poëtes français... là qu'en dites vous, faire un pareil Poëme n'es-ce pas travailler également *propter famem & propter famam* ? d'après tout ce que vous me dites, je vous crois en état de bien juger un ouvrage. Êtes vous ancien dans la Littérature ?

ARL.

Je vous en réponds ; je suis un vieux courfier j'ay blanchi fous le harnois.

M. MUS. *en riant.*

Il y paroit, il y paroît. Ah ça il s'agit d'en inférer dans votre Journal quelsques extraits bien choifis, pour en donner une idée au public, & puis nous ouvrirons une fouscription. Je veux qu'avant six mois d'icy j'aye déja entre les mains quelques milliers d'écus, alors vous entendez bien que je saurai reconnoître vos soins. j'aime à récompenser les gens de lettres mes confrères. tout le monde ne pense pas comme moy sur cet article.

ARL. *en le regardant.*

Je le vois bien.... mais dites moi donc, s'il ne se présente pas de fouscripteurs & par conféquent point de fonds pour faire imprimer votre ouvrage, ou en ferons nous ?

M. MUS.

Eh ! mon dieu il ne s'en trouvera peut-être que trop mon cher, oüi peut-être trop, tout de

B iij

fuite...

ARL.
Mais il est possible qu'il ne s'en trouve pas.

M. MUS.
Eh bien si au bout d'un mois ou deux il ne s'en trove pas, vous donnerez avis que l'auteur prévoyant avoir beaucoup de foufcriptions pour l'étranger, avertit ceux de fes compatriotes qui défirent avoir fon ouvrage de lui faire favoir au plutôt, & que les premiers exemplaires leur feront délivrés de préférence.

ARL.
Tout cela eft bien beau... mais... il y manque quelque chofe, il y manque quelque chofe.

SCENE XIII.
PIERROT ARLEQUIN M. MUSACE
Mde. JACASSE.

PIER.
Monfieur, voicy madame qui demande à vous parler.

ARL. à M. Musace.

à revoir, monsieur, à revoir.

M. MUS.

Ouï, je reviendrai vous voir, nous nous arrangerons dans un autre moment, je viendrai déjeuner avec vous.

M. Musace & Pierrot s'en vont.

SCENE XIV.
ARLEQUIN M.de JACASSE.

ARL.

Madame, je vous salue : asseyez vous je vous en prie…en quoi puis-je vous être utile? [*Il lui présente un siège, & se met auprès d'elle*]

Mde. JAC.

Monsieur, vous avés surement entendu parler de la Marquise de Beau-buisson : eh-bien? c'est moi : le Marquis mon mari est mort il y a quelque temps dans un accès que lui inspira la lecture d'un projet d'anéantir tous les titres tous les avantages des Nobles, & de les rendre égaux à des malheureux qui trembloient il y a quelque temps, lorsqu'ils paroissoient devant leurs maitres.

ARL.

Comment la simple lecture de ce projet a été

cause de sa mort.

Mde. JAC.

Ouï, monsieur. ah! le pauvre homme, s'il eût vu tout ce qu'on a fait aujourd'hui, ç'auroit été bien pis.

ARL.

Oh? Je le crois bien : mais venons au fait, s'il vous plait, madame.

Mde. JAC.

Volontiers, monsieur: Je veux donc vous dire que mon mari est mort avec tres peu de biens, et que comme je suis un peu philosophe, je veux faire contre fortune bon cœur.

ARL.

Vous avez raison, madame. (*a part*) En voila encore une sans bien.

Mde. JAC.

Je voudrois que vous missiez dans vos feuilles qu'une dame de trente à quarante ans, jouissant de quatre cent livres de rente voudroit trouver quelqu'un qui voulut vivre avec elle.... et par préférence quelque cy-devant religieux dont elle pût faire son ami pourvu que ce ne soit pas un capucin.

ARL. *avec un ton brusque*.

Ma foi, Madame, je ne crois pas pouvoir doncet avis de sitôt. J'ai tant de choses à faire paroître... Je suis fâché...

Mde JAC. *avec douceur.*

Mon bon ami, faites ça pour moi. Vous m'avez l'air aimable, je ne crois pas que vous ayez la figure trompeuse.

ARL. *se radoucissant un peu.*

Non, Madame... Mais si vous sçaviez...

Mde JAC.

allons, allons, laissez vous aller.
(elle met un écu sur le bureau.)

ARL. *le voit et se laisse aller.*

Mde, daignez me donner votre nom.

Mde JAC.

Le faut il absolument?...

AR.

Oui, madame, ainsi que le nom de baptême.

Mde JAC.

Eh bien écrivez... Aventurine Jacasse.

ARL *écrit.*

Madame, soyez tranquille; aussitôt que je le pourrai, je vous promets que je ferai passer votre article.

Mde JAC.

C'est bon, c'est bon; Je peux m'en rapporter à vous. N'est-ce pas ?

ARL.

Oui, Madame, soyez tranquille.

Mde JAC.

C'est bon, c'est bon. Vous n'en serez pas fâché, Je vous en répons. Adieu, Monsieur...

[elle sort.]

ARL. *la reconduit*.

Adieu, Madame; bonne santé.

SCENE XV
ARLEQUIN. *seul*.

LA vieille folle elle veut encore avoir un ami, un Religieux, que sais-je, un jeune militaire ne lui déplairoit peut-tére pas. Ah, ah, ah, ... (*il veut se remmetre d'écrire.*)

SCENE XVI
Mr. SECHARD, ARLEQUIN.
un homme entre malgré Pierrot.

Mr. SECH. *à Arlequin*

SAlut, Monsieur... Vous voyez en moi un

homme qui devroit, pour ainsi dire, gouverner la France, si les hommes n'étoient tous des fous ... Helas ils feront toujours les mêmes ! malheur au mortel qui doué de précieux talens, voudra suivre les fortes impulsions de son génie, pour éclairer les hommes. Il ne sçait pas que semblables aux oiseaux de nuit, ils ne peuvent vivre que dans les ténébres de l'ignorance. Je le sçais bien, moi.

ARL.

Je le crois, mais chacun a sa manière de voir ...

SEC.

Mr, écoutez moi. Né malheureusement avec un génie ardent & un grand désir d'apprendre, je m'adonnai très jeune aux sciences abstraites. Je devins en peu de tems un homme universel ; bientôt je joignis à toutes mes qualités, le désir de les rendre utiles à la sociéré. Je m'ensevelis dans mon cabinet, je m'occupai pendant près de dix ans de cet objet si intéressant, qui fixa l'attention de presque toutes les nations, *La Quadrature du cercle*, J'en étois venu à bout s'il ne me fût venu en tête un projet dont l'issüe devoit être d'une plus grande utilité... Ce fut à trente ans, que je commençai à travailler à une découverte que tant d'autres avant moi, ont crûe impossible.... Je voulus faire de l'or,

ARL.

J'entends, j'entends ; vous cherchiez la *Pierre Philosophale* Au moins l'intention étoit loüable

SEC.

Je réunis les meilleurs ouvrages des Botanistes les plus célébres ; j'étudiai la nature, je découvris ses myſtéres les plus ſecrets, à l'aide de la Chimie, enfin je conſacrai mes veilles, ma ſanté, mon bien même pour le bonheur de mes ſemblables. Je touchois au terme de mes travaux ...

ARL.

Diable ... Cela étoit glorieux pour vous.

SEC.

Oüi, mon ami ; mais comme j'avois atteint le terme de mes reſſources pécuniaires, des créanciers avides m'aſſaillirent. J'eus beau repréſenter que mon travail devoit me mériter quelques égards, on n'écouta rien ; et je fus traîné, il y a deux ans, dans une priſon, infâme réceptacle des malfaiteurs. Voila, Voila comme des hommes injuſtes, confondent dans leur aveuglement leur bienfaiteurs avec le rebut de la Société:

ARL. *avec mocquerie.*

Ah c'étoit mal ... Oui c'étoit mal.

SEC.

Dites donc que cela eſt révoltant. Heureuſement, il me vint une petite succession qui me mit en état de payer mes créanciers & me procura quelques ressources. On parloit déjà beaucoup d'une révolution prochaine. J'oubliai tout ce que j'avois souffert de l'ingratitude des hommes, & voulus encore m'occuper de leur bonheur; je fis un ouvrage dans lequel je donnai les seuls moyens de rendre la France heureuse, sous un gouvernement Aristo-démo-monarchique. Cette forme de gouvernement est simple.

ARL.

Très simple assurément, très simple.

SEC.

Qu'est-il arrivé? les hommes sont de si mauvaise foi; Chacun ne veut que ses intérêts propres. l'Aristocratie déplaisoit aux uns, la Démocratie aux autres, beaucoup ne vouloient pas entendre parler de monarchie... Enfin mon ouvrage qui eût dû être imprimé en lettres d'or, fut rejetté comme ne contenant que les rêveries absurdes d'un cerveau brûlé. Voila, mon ami la récompense de quarante ans de travaux.

ARL. *affectant un air piteux.*

Ah, c'est malheureux vraiment, c'est malheureux.

SEC. *en regardant fixement Arlequin,*

écoutez moi, vous ne sçavez pas tout.

ARL. *avec indifférence,*

Non, qu'y a t'il ?

SEC. *avec une fermeté affectée.*

Je reste sans ressources : je déteste les hommes : je suis las de vivre : j'ai résolu de me brûler la cervelle.

ARL :

N'est-ce que cela ?... eh c'est un enfantillage

SEC.

Je ne vous demande qu'une grâce ; c'est d'insérer, dans votre journal, la nouvelle de ma mort. Peut-être la société, qui ne m'a pas rendu justice de mon vivant, se repentira-t'elle d'avoir perdu en moi son plus ferme appui, & peut-être le seul de ses membres qui eût porté la santé dans le corps entier ... Écrivez donc que le Lundi quinze du présent mois, à telle ou telle heure, une mort prématurée a enlevé à la Nation Françoise son ami le plus zélé dans la personne de MARTIN SECHARD.

ARL.

Monsieur je n'ai rien à vous refuser, mais le Parti me paroît violent ... & puis permettez moi de vous faire une petite observation.

SEC.

Eh bien quoi ? dites.

ARL. *avec ironie*.

Attendez au moins à demain. car vous tuer un lundi, ce seroit mal commencer la semaine

SEC.

Vous étes un sot, mon ami.

ARL.

Et vous un vieux fou... tenez, allez vous brûler la cervelle loin d'ici, je vous en prie... je n'aime pas le bruit.

SEC. *en s'en allant*.

tu as raison ; aussi bien il n'est pas nécessaire que tu annonces une mort dont toute l'Europe ne sera instruite que trop tôt.

SCENE XVII.
ARL *seul*.

LE Vieux fou ! parbleu voila une journée bien malheureuse ; beaucoup de sottises & point d'argent. Il faudra pourtant que je remplisse la feuille prochaine de toutes ces fadaises. Ah que le public est dupe, & qu'un journaliste est un maitre fripon.

(*en s'adressant au parterre.*)

Messieurs, si parmi vous il y a quelqu'un du métier, qu'il ne m'en veuille pas; le public est accoutumé à entendre la vérité; mais il ne se corrigera jamais.

SCENE XVIII
PIERROT, ARLEQUIN.

PIER.

Monsieur, Voici une jolie Demoiselle ou Dame, comme vous voudrez, qui demande à parler à monsieur Figaro.

ARL.

Fais la entrer.

PIER.

Je crois la connoître de vüe, & je crois que vous la connoissez aussi.

ARL.

Fais la entrer, te dis-je.

PIER. *en sortant.*

Vous pouvez entrer, Madame.

SCÈNE XXI.
ARLEQUIN COLOMBINE.

COLOMBINE *entre en regardant du côté opposé à* ARLEQUIN. ARLEQUIN *la reconnoît & se remet à écrire de manière à n'être pas reconnu* ...

ARL. *à part, avec surprise.*

Dieu, Colombine ! quel hazard peut l'amener icy ? (*tout haut*) alleyez vous, madame, je vous prie.

COL. *se plaçant sur une chaise qui se trouve derrière* ARLEQUIN.

Je vous rends grâce, Monsieur.

ARL.

Madame, puis-je sçavoir le motif qui vous

COL.

Le désespoir, Monsieur, depuis près d'un an un ingrat me fuit. En vain depuis ce tems, j'espérois avoir de ses nouvelles ; je n'en ai eû aucunes ; je voudrois pouvoir l'oublier ; mais son image me suit sans cesse. Je le vois la nuit en songe ; je le vois partout : à présent même, je crois le voir l'entendre. Le cruel, s'il sçavoit tous les chagrins qu'il me cause !

j'en mourrai ... oui j'en mourrai ... j'en suis sûre.

ARL, à part.

Certes ! elle m'aime bien. cela me fait de la peine en vérité ! [haut] vous me paroissez bien affligée, Madame. Comment il vous a quittée sans sujet ?

COL.

Ah mon dieu ! pour bien peu de chose. Nous avions toujours vécu en bonne intelligence, quoique j'aye toujours eu grand nombre d'adorateurs ... il n'y avoit pas de mal ; il le sçavoit bien, & sans cela nous n'aurions pas pû vivre.

ARL, à part.

C'est bien ce dont j'enrageois.

COL.

Enfin un beau jour je reçus un billet très honnête d'un jeune Anglois qui me faisoit des propositions très avantageuses, & me faisoit même l'offre de prendre mon cher Arlequin pour son valet de chambre.

ARL.

Peste ! le poste étoit agréable .... mais cet Arlequin est un fou, un original.

COL, avec vivacité.

Vous le connoissez donc, Monsieur ?

ARL.

Oui, Je l'ai connu autrefois. N'est-ce pas un brun un peu bazané ?

COL.

Oui, c'est un gros court, qui a une figure noire... il n'est pas joli, mais c'est égal : il y a si long-tems que je le connois ... & puis c'étoit un enfant que cet Anglois, nous n'avons pas fait long bail ensemble ... & je crois que, par la voie de votre Journal, je pourrai découvrir les traces de mon ami Arlequin.

ARL.

Ah, ah, voila le fin mot ; vous courez après Arlequin, faute de mieux. Ah, ah ... mais s'il savoit cela, seriez vous contente.

COL. en s'approchant un peu de lui.

De grâce, Monsieur, ne lui en dites jamais rien, je vous en prie, je vous en prie ; car je l'aime tant !

ARL.

Non, Madame, je ne lui en dirai jamais rien.
[il se détourne.]

COL. en jettant un cri.

Dieu, C'est lui ! c'est toi, mon cher Arlequin !

ARL. *la contrefait & répète.*

Dieu, c'est lui, c'est toi, mon cher Arlequin... allez, allez, perfide, cruelle; disparoissez, comme les ombres de la nuit disparoissent aux approches de l'aurore aux doigts de roses. *Colombine s'efforce de l'attendrir.*

SCENE XX.

LES PRÉCÉDENS; le JOKEI *entre avec précipitation*; PIERROT *le suit*.

le JOK.

Messieurs, sauvons nous, ne perdons pas de temps.

ARL.

Comment, qu'y a t'il?

le JOKEI.

Monsieur Figaro est arrêté. On le conduit en prison... on peut nous poursuivre nous mêmes

ARL.

Peste, ceci devient sérieux... eh eh, je tremble, moi: depuis ma dernière avanture, j'ai peur de mon ombre. (*à Colombine en lui présentant la main.*) Allons chère Colombine, touches là, point de rancune.

Du Tigre,

GOL, d'un air inquiet.

Quel danger nous menace, mon ami.

le JOKEI.

Vous vous raccomoderez demain. Sauvons nous...

PIER.

Oui, sauvons.... J'ai une frayeur, je ne peux pas me soutenir.

ARL.

Du courage.,. Il ne faut pas se laisser abbattre ; regardes-moi: vois si je change de couleur ... hem.

PIER.

Chacun fait comme il l'entend, moi je m'en vais. (*il va à la porte & y reste jusqu'à la fin*)

━━━━━━━━

SCÈNE XXI.

LES PRÉCÉDENS, FIGARO.

FIG.

Bon jour, mes amis.

ARL.

Comment vous voilà! vous n'êtes donc pas en prison ?

FIG.

non... mais je l'ai échappé belle: c'est une belle chose que l'adresse.

ARL.

Eh que diable aviez vous donc fait ?

FIG.

Ah... on a bien raison de dire, *l'ambition perd l'homme*. Voici le fait : un Particulier anonyme me fit proposer une certaine somme d'argent si je voulois insérer dans mes feuilles, un petit article contre quleques gens en place que je ne connoissois pas.

ARL.

Vous m'avouerez que vous méritiez bien...

FIG.

Ce qu'on me préparoit. oui... que je te conte avec quelle adresse j'ai sçu échapper à la vigilance de mes gardes.

ARL.

Ah, ah il me paroît que nous n'en sommes pas encore quittes : vous nous conterez cela une autre fois.

PIER, *de la porte*

Oui, oui, une autre fois ; sauvons nous.

TOUS ENSEMBLE.

Sauvons nous.

FIG.

je crois qu'ils ont raison... eh bien, pauvre Arlequin, que vas tu faire deformais ?

ARL, *en montrant Colombine.*

Vous me voyez pret á renouer avec Colombine. Nous allons recommencer notre ncien genre de vie; & vous monsieur le Journaliste, que prétendez vous faire, dites moi!

FIG.

Prendre mon argent, aller passer quelque tems à la campagne & puis revenir ici sous un autre nom.

ARL.

Recommencer de plus belle, n'est-ce pas ? bon courage ; pour moi, je n'y reviendrai qu'à bonnes enseignes.

(*en s'adressant au parterre.*)

Messieurs, de malheureux fugitifs implorent votre indulgence ; ce n'est qu'en l'obtenant, qu'ils oseront reparoître devant vous.

FIN.

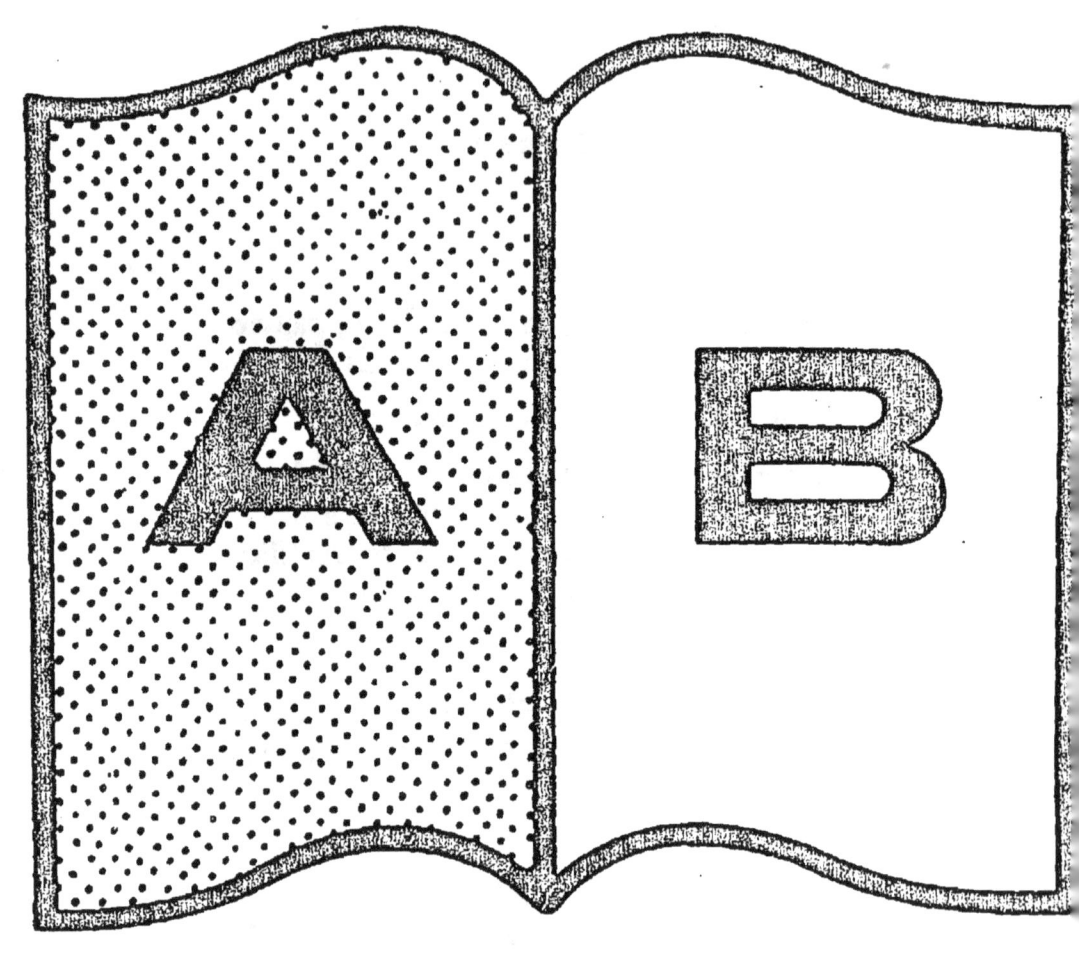

Contraste insuffisant

NF Z 43-120-14

www.ingramcontent.com/pod-product-compliance
Lightning Source LLC
Chambersburg PA
CBHW060521050426
42451CB00009B/1094